AF483006

L'argent des indésirables

La monnaie dans les camps d'internés civils en France (1914-20)

Copyright © BOUGLOUAN Denis 2020
Publication 2020
Edition : BOUGLOUAN Denis – Champagne-Ardenne
Achevé d'imprimer en Février 2020
Dépôt légal : Février 2020
ISBN n°9782956553052
Mise en page et distribution du livre : www.ebook-creation.fr L'autoédition facile !

Les camps d'internés civils

De 1914 jusqu'en 1920, il n'y eut pas que des camps de militaires prisonniers en France. Appelés, suivant certains critères, "Camp de concentration", "camp de triage", "dépôt d'internés civils" etc... A la fin de la guerre, 70 000 personnes furent détenues entre murs et barbelés pendant, parfois une très longue partie du conflit, il en restait plus de 12 000 à la fin du conflit et certain ne furent libérés que début 1920.

Cette politique, dans le phénomène concentrationnaire, marque ce conflit car tous les états engagés agiront de la même manière pour gérer les populations et cela préfigure les camps Allemands de la seconde guerre.

Ces détenus se retrouvaient sans droit, n'étaient internés sous aucun motif excepté le soupçon, le but recherché était de priver l'ennemi de combattants (pour les étrangers mobilisables) ou de personnes pouvant donner des informations sur le pays qu'ils devaient combattre, en évitant la fuite de renseignements et toute gène aux efforts de guerre (de sabotage et d'espionnage notamment).

En août 1914, plus d'un million d'étrangers résidaient sur le territoire Français. Depuis des semaines la déclaration de guerre était imminente, dès le 20 mars 1914, un plan avait été élaboré par le gouvernement français. Chaque étranger lors de la mobilisation était autorisé à quitter le territoire dans les deux jours, soit jusqu'à la fin du premier jour de mobilisation, ceux qui restèrent devaient quitter les zones supposées des combats et ensuite demander un permis de séjour ainsi qu'un laissez-passer pour pouvoir se déplacer.

Les étrangers ressortissants des pays ennemis (Allemands, Austro-hongrois...) n'ayant pu, pour cause d'un très grand encombrement des transports, bien compréhensible en cette situation, ou voulu, car trop implanté sur le sol Français, pour fuir et tout laisser, furent après le premier jour de mobilisation, arrêtés, déportés dans des camps, loin des zones de combat, loin des agglomérations importantes, dans des couvents, séminaires ou autres bâtiments désaffectés et considérés comme otages. Les détenus notables peuvent après triage, se loger dans des hôtels moyennant finance.

Ils sont environ 45 000, dont 8 000 Alsaciens, à connaître les camps français. Une commission vérifie l'attachement à la France des Alsaciens-Lorrains. Beaucoup sont libérés dès mars 1915 ou, date à laquelle, une commission statue après enquête sur le degré de dangerosité. Une succession d'accords avec l'Allemagne permet le rapatriement progressif des prisonniers qui sont encore près de 12 000 début 1918.

Les Alsaciens – Lorrains de nationalités Allemande, du fait du traité de Francfort de 1871, étaient des détenus à part, considérés comme suspects car beaucoup d'Allemands résidants, se faisaient passer pour des annexés. Pour cette population parlant un dialecte assimilé à la langue Allemande les soupçons pesaient sur leur réel patriotisme et le regard de la population et des fonctionnaires était plus que malveillant (Des écrits relatent le soulagement de certain Alsacien arrivé dans ces camps, se sentant ainsi protégés de la population).

Se référant à l'article 9 de la loi du 9 août 1849, relative à l'état de siège, des rafles périodiques sont organisées pour éloigner des zones de combat et de la capitale toutes les personnes indésirables de souche française (vagabonds, conjoints d'étrangers, repris de justice, prostituées, malades etc...). Les ressortissants des pays neutres finissent le remplissage des quelques 70 camps d'internés civils.

Les camps et les internés

La création de ces camps s'est faite dans une réelle précipitation. Les îles du littoral et les anciens forts créés après les déconvenues de 1870 furent réquisitionnés. D'anciens couvents, des séminaires, collèges, casernes, bâtiments d'usines désaffectées le furent également.

L'ordre pouvait venir d'un préfet ou sur décision d'un dépôt de triage (Ferté – Macé dans l'Orne, Fleury en Bière près de Melun, Besançon dans l'asile de Bellevaux …). Après un séjour d'environ 30 jours et après enquête sur chaque suspect, son orientation était établie d'après le résultat des recherches. Une majorité de détenus pouvaient alors quitter le dépôt librement. A la Ferté – Macé, de la création du dépôt (19 février 1915) à fin janvier 1916, 899 internés furent libérés sur 972. Dans ce même centre dans l'année 1917, sur 1126 internés, 649 seront libérés, 341 seront transférés à Nanterre (principalement des femmes atteintes de maladies vénériennes) et seulement 64 seront orientés vers d'autres camps choisis suivant la situation : Camps de Concentration, dépôts disciplinaires (Îles de Groix, île de Noirmoutier, Saint – Tropez … pour les condamnés de droit commun), dépôt d'étrangers suspects à Alençon dans l'Orne (principalement Russes et Belges) etc.

Les dépôts les plus nombreux sont destinés aux Austro - Allemands et sont classés en plusieurs catégories :
- Les hommes mobilisables (la plus grosse partie de la population carcérale).
- Les notables allemands sur le sol Français (étroitement gardés, ces personnes étaient considérées comme des otages de choix en vue d'échange et résidaient parfois dans des hôtels de luxe)
- Autres que les deux premières catégories (Femmes, enfants, vieillards – ceux-ci sont généralement autorisés à quitter le pays par voie d'échange).
- La quatrième regroupe les prostituées qui possédaient aussi leur dépôt spécial.

Classement des Alsaciens - Lorrains
Les Alsaciens – Lorrains non naturalisés Français doivent théoriquement rester libre. Il leur est fortement conseillé de demander leur réintégration en qualité de Français et de s'engager dans l'armée pour les personnes mobilisables. Néanmoins un classement est effectué suivant l'origine et la personnalité de l'individu.

- Celui né français avant le 20 mai 1871, d'ascendant paternel français avant cette date ou ceux qui seraient nés français sous le traité de Francfort, ceux présumés être de sentiments français, sont donc traités comme réfugiés et disposent d'une carte tricolore, ils peuvent être hébergés dans des dépôts libres (Annonay, Grand séminaire d'Angers, Ornans…)

- Celui né de la même manière mais ayant eu une profession liée à l'autorité Allemande, des fonctions officielles autres que communales, jugé d'attitude incertaine envers la nation ou ayant une profession mal déterminée comme forain, travailleur ambulant, gens du voyage, est considéré comme douteux. Ceux-ci seront placés en résidences surveillées (Centre d'internement de Luçon, Viviers …) et seront détenteurs d'une carte blanche. Relativement libres pendant la journée, mais interdits de débit de boissons, ils doivent néanmoins passer la nuit dans le dépôt afin d'être surveillés et de contrôler leur correspondance.

- La troisième catégorie appelée « S », regroupe les suspects, personnes hostiles à la France par les propos ou par leurs actes, personnes ayant subi des condamnations, ainsi que ceux dont l'attitude et la conduite laissent gravement à désirer. Ces personnes seront placées le plus rapidement possible dans des centres d'internement au nombre de deux : Ajain dans la Creuse et Précigné dans la Sarthe.

Les Alsaciens-Lorrains sont envoyés dans différents camps d'internés civils en France (Alès (Gard), Aurec (Haute-Loire), Bellevaux (Haute-Savoie), Blanzy (Saône-et-Loire), Brignoles (Var), Brives-Charensac (Haute-Loire), La Ferté-Macé (Orne), Garaison (Hautes-Pyrénées), Luçon (Vendée), Le Puy (Haute-Loire), Pontmain (Mayenne), Saint-Maximin (Var), Le Vigan (Gard), Viviers (Ardèche)…)

Condition de vie dans ces camps

Pour comprendre la vie dans ces multiples lieux de détention, il faut penser que l'effort de guerre se concentrait sur les zones de combat, ces camps ne sont pas militaires mais sous le contrôle du Ministère de l'Intérieur et gérés par les préfectures. Les locaux improvisés avec hâte et aménagés par les premiers détenus pour accueillir cette population, un personnel civil recruté parmi d'anciens gendarmes, policiers ou militaires réformés, encadrés de quelques soldats, assurent avec peine le maintien de l'ordre.

Les règlements intérieurs de ces camps sont fortement inspirés des règlements des centres pénitenciers, mais difficilement applicable faute de moyens. Dans certains camps mixtes, une très grande promiscuité perdure avec la détention d'un grand nombre de prostituées, souvent atteintes de maladies. Les différentes classes sociales des détenus posent aussi un problème. Certains reçoivent de multiples colis de leurs proches alors que d'autres ne doivent survivre qu'avec la maigre nourriture proposée dans ces camps. Dans certains lieux de détention, jusqu'à 10% des détenus s'évadent, parfois l'issue est tragique car les gardes ont pour consigne de tirer.

Si les locaux ne sont pas appropriés et le personnel mal formé, la nourriture est parfois en dessous de tout. Les rations alimentaires évoluent en fonction des pénuries nationales. Avant 1917, la ration journalière était de 600 grammes de pain, le 2 février 1917 elle n'est plus que de 500 grammes pour passer à 200 grammes en décembre de cette même année. Si les internés civils ne sont pas tenus de travailler, ceux-ci y sont fortement poussés à partir de 1917 ce qui augmentera encore les chiffres des évasions.

Les camps d'internés civils ferment les uns après les autres et les derniers seront clos dans les premiers mois de 1920.

L'argent des camps

« …Si les notables disposent d'argent, la plupart des internés doivent compter sur l'envoi de mandats par les familles. Ils sont alors à la merci des mesures de rétorsion prises entre belligérants. La principale, adoptée en juillet 1916, est la retenue de 20 % sur toutes les sommes envoyées aux internés allemands, même quand elles proviennent de France où des pays neutres.

Bien souvent, les internés ne peuvent pas compter sur l'argent provenant de leurs familles et pour acheter à la cantine, il faut gagner un peu d'argent en travaillant pour des codétenus ou dans les ateliers du dépôt… Devant le grand nombre d'internés nécessiteux, les gouvernements belligérants décident assez rapidement d'aider leurs coreligionnaires en leur versant des allocations mensuelles… Cet argent, les internés n'en ont pas l'entière disposition. Afin de décourager les tentatives d'évasion, il est retiré à chaque arrivée dans le dépôt, mais on tolère le maintien d'une certaine somme pour les achats en cantine, fixée à 20 francs par semaine en juin 1916. A la même époque, on en vient à remplacer cet argent par une monnaie spécifique

sous forme de jetons ou de papier-monnaie n'ayant cours que dans le dépôt. L'avantage est double : d'une part, cette monnaie est inutilisable en cas d'évasion, d'autre part, ce système inspiré d'une pratique en usage dans les cantines des grandes usines et adopté déjà dans les camps de prisonniers de guerre, permet de simplifier le contrôle de la comptabilité des internés. La circulaire du 22 septembre 1916 généralise ce système : « ces jetons de 0,05F, 0,10F, 0,50F, 1F et de 5F devront porter l'estampille de la Préfecture de façon à éviter toutes fraudes... ...Certains directeurs (de camp) craignent cependant que les jetons incitent au jeu ; à Sieck et Kerbénéat (Finistère) on a purement et simplement supprimé toute monnaie, « chaque interné est pourvu d'un carnet de poche portant l'indication de son avoir... »
Source : « Les camps de concentration français de la première guerre mondiale » de Jean-Claude FARCY, éditions Anthropos

Quand la Collection sert l'Histoire.

Nous avons voulu retrouver le maximum de dépôts de prisonniers civils et raconter leurs histoires, mais bien souvent, aucune trace de ce passé pourtant si proche ne subsiste pour les petits dépôts ou dépôts provisoires.

La solution est des chercher dans les collections (Billetophilie, cartes ou correspondances postales...) tout ce qui peut témoigner des lieux de détention.

Une fois ces lieux retrouvés, le net, les archives et bon nombre d'heures, nous ouvrent les portes de ces prisons particulières.

Dans ce petit livre, tous les billets ou bons connus sont référencés, de ce fait, cet ouvrage tient sa place dans toutes les bibliothèques Numismatiques.

Tableau des Fleurons figurant sur les billets de P.G.

1	24	47
2	25	48
3	26	49
4	27	50
5	28	51
6	29	52
7	30	53
8	31	54
9	32	55
10	33	56
11	34	57
12	35	58
13	36	59
14	37	60
15	38	61
16	39	62
17	40	63
18	41	64
19	42	65
20	43	66
21	44	67
22	45	68
23	46	69

70	93	116
71	94	117
72	95	118
73	96	119
74	97	120
75	98	121
76	99	122
77	100	123
78	101	124
79	102	125
80	103	126
81	104	127
82	105	128
83	106	129
84	107	130
85	108	131
86	109	132
87	110	133
88	111	134
89	112	135
90	113	136
91	114	137
92	115	138
		139
		140

Table des Fleurons d'après " Les monnaies des Prisonniers de Guerre en France (1914-1918)".
De Jean – George- FORIEN de ROCHESNARD (1950

Les Dépôts retrouvés.

Ces dépôts sont mentionnés sur des correspondances de détenus, parfois provisoires ou lieux de transit… certains restent à découvrir.

Ajaccio : 30 grecs (gouvernement pro- allemand à cette époque), assignés à résidence.

Ajain : Dépôt de Suspects d'Ajain.

Alençon - A partir de 1917 - Dépôt d'étrangers suspects Belges et Russes

Alès.

Angers.

Auray.

Aurec.

Aurillac.

Aveyron.

Belle-Ile.

Bellevaux (Asile) - Besançon - Dépôt de Triage.

Blangy (Saône et Loire) - Dépôt de Triage provisoire de 1915 à 1917.

Boulogne – sur – Mer (Le séminaire servant de cantonnement au réfugiés du Nord et de Belgique).

Brest-Creuzon.

Brignoles

Brives-Charensac (Chartreuse) – Colonie des Etrangers de la Chartreuse.

Cannes – Hôtel Prince de Galles.

Carnac. Hôtel de la Plage.

Casabianda – Pénitencier.

Cellule – (Le Puy) – Couvent.

Cervione.

Chiavari (37 km Ajaccio) 35 prisonniers civils au 10/2.1915.

Clermont Ferrand.

Corbara Arrivée de 300 Alsaciens au Camp en début de guerre, le dépôt contiendra 600 détenus.

Crest.

Creuse.

Dinan.

Ferté Macé « le Préau dit le parapluie » petit séminaire construit en 1855- Dépôt de Triage ouvert de 1915 à Mai 1919.

Fontenay – le – Comte (Institut Jeanne d'Arc).

Fleury en Brie - Dépôt de Triage.

Garaison.

Grandville.

Gravaison (Dépôt Frigolet).

Groix (Ile de).

Guérande.

Haute-Loire.

Hennebont.

Issoire.

Jouguet (Plérin).

Kerlois.

Labastide Saint-Pierre - Dépôt de Triage provisoire.

Langonnet.

Langueux - Prisonniers non Germaniques de l'empire Austro-Hongrois (Liberté Surveillé).

Lannion.

Lanvéoc.

Longue – Ile.

Luçon (Pensionnat St Ursule).

Le Puy : au couvent de Cellule.

Mamers.

Moissac (Tarn et Garonne) Prisonniers non Germaniques de l'Empire Austro-Hongrois (Liberté Surveillée).

Monsiglia.

Montbrisson.

Moulin.

Noirmoutier.

Olleta – Couvent (Corse) Dépôt Austro-Allemands avec plusieurs dizaines d'Alsaciens (235 détenus).

Paray le Monial - L'école Saint-Hugues, (actuel lycée Jeanne-d'Arc), devint l'hôpital principal n° 34 du Service Santé Militaire avec 350 lits répartis sur divers sites. Cet Hôpital militaire soignait les internés civils des dépôts proches.

Ploernel.

Pontmain.

Précigné.

Rochefort sur Mer.

Roche – sur – Yon (Ancien Séminaire de Mirville).

Sables d'Olonne (Séminaire).

Sainte Affrique.

Saint Brieuc.

Sainte Marguerite – Ile.

Saint-Martin de Fraigneau.

Saint Maximin.

Saint Rambert sur Loire.

Saint Remy.

Saint Tropez.

Sarzeau.

Sieck – Ile.

Villefranche.

Vire.

Vigan le.

Viviers.

Yeu Ile (Fort de la Pierre Levée).

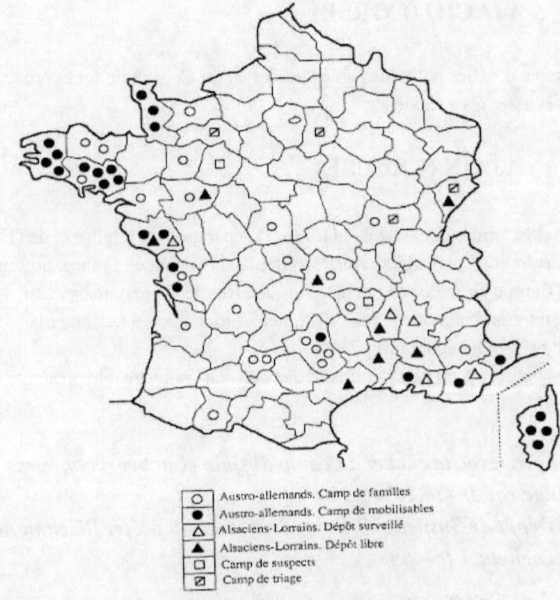

**Carte 1 Les camps au 15 décembre 1915 :
nombre et types par départements**

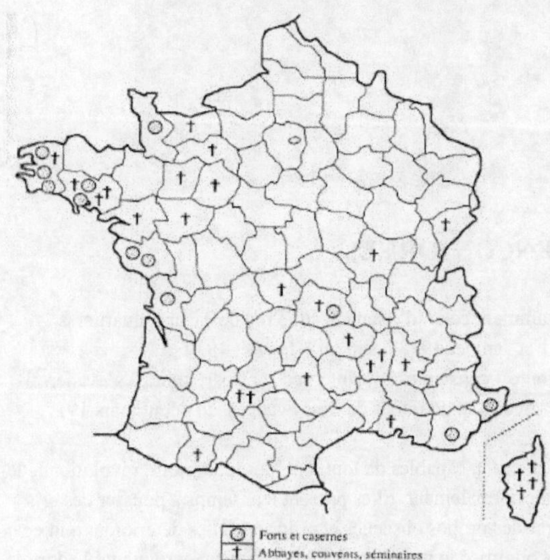

Carte 3 Les bâtiments des camps de concentration

FARCY Jean-Claude, Les camps de concentration français de la Première Guerre Mondiale (1914-1920), 1995.

AJACIO (CORSE)

En ce début de juillet 1917, une trentaine d'exilés politiques grecs fidèles au roi Constantin Ier et pro-Allemands sont débarqués à Ajaccio et assignés à résidence.

AJAIN (CREUSE)

Les Bâtiments de l'ancien petit séminaire, fermés par suite de la loi sur la séparation de l'Eglise et de l'Etat (1905), abriteront un "Camp de Concentration" pour sujets Austro–Allemand résidant en France, puis un "dépôt de suspects" en provenance d'Europe Orientale (Arménie, Turquie, Russie, Grecs), mais aussi Belges et Luxembourgeois. En 1917, un grand nombre de ces prisonniers seront amenés à débuter la construction du barrage d'Eguzon qui ne sera inauguré qu'en 1926.
Après leur libération, ils laisseront les bâtiments du petit séminaire dans un état épouvantable présumant des conditions de détention.

A-   Ticket carton de la Haute-Loire avec le cachet du camp d'Ajain (Cachet recto, verso ou juste verso) 0,05 (Carton orange rond) - :0,10 – 0,25.
B-   Préfecture de la Creuse – Dépôt de Suspects d'Ajain. Signature du préfet Rischmann. Billet de 85 x 63 mm sans N° ni cachet : 1 fr – 5 frs.

ALENÇON (ORNE)

La Ferté Macé approvisionne en femmes notamment celui, d'Alençon situé rue de Tisons, quartier Montfort, pour les femmes et qui fut créé le 1 er Janvier 1917 jusqu'au 3 Janvier 1919
Dans le dépôt de femmes d'Alençon, l'agitation est constante : une internée sur dix réussira à s'évader. Il suffit de citer un rapport préfectoral rédigé à l'occasion du retour de trois évadées, au début mars 1917, pour comprendre la situation :
"les femmes dont il s'agit, de la plus basse extraction, capables de tout, ont, dès leur retour, révolutionné le dépôt d'Alençon qui commençait à fonctionner normalement. Elles passent leur temps à pousser des cris séditieux, à injurier les surveillants, à vociférer des propos obscènes et orduriers, elles détériorent tout ce qu'elles peuvent saisir. Mises en cellule, elles ont brisé le mobilier, démoli la cloison et réintégré le dortoir commun malgré les surveillants impuissants à réprimer leurs écarts…Il est impossible de conserver ces furies au dépôt d'Alençon qui n'est pas installé pour recevoir de telles femmes."

ALENCON (Internés Civils) Ministère de l'Intérieur – Dépôt d'Alençon. Carton avec Cachet du Ministère de l'Intérieur recto et verso.

A-   Internés Civils - 38 x 55 mm, (fleuron 4 et 6) : 0,05 - 0,25 – 0,50.

B-   Internés Civils - 38 x 55 mm, (fleuron 7 et 8) : 2 frs – 5 frs.

C-   Internés Civils - 77 x 50 mm, (fleuron 9 et 10) : 0,10 – 1 fr.

AURAY – PLOEMEL (MORBIHAN)

Début de la guerre, La Chapelle du Saint-Esprit est utilisée comme caserne « Caserne Du Guesclin », très vite, les soldats qui l'occupent partent pour le front laissant le lieu désert. Très rapidement, le 5 septembre 1914, le Préfet réquisitionne ce bâtiment pour y loger les 698 prisonniers civils arrivés en gare (Allemands– Autrichiens – Hongrois et Tchèques…) Ces internés civils ne trouvent que des bâtiments vides et c'est à même le sol, couchés sur de la paille, sans chauffage, qu'ils emménagent.
Les mieux nantis logeaient dans l'un des quatre hôtels de l'époque : Le Galopin et Les Voyageurs à la gare, Le Lion d'Or et La Tour d'Auvergne dans le centre-ville. D'autres encore avaient trouvé des chambres à louer chez l'habitant.
La ville d'Auray était tenue de nourrir gratuitement ces détenus : un plat chaud le midi et un potage le soir. Pour les Juifs, en très grand nombre, ne mangeant pas de porc, « Rien d'autre » !
Certains travaillèrent gratuitement à l'hôpital militaire temporaire. Les femmes doivent tricoter des chaussettes et autre pour les soldats français. Les plus qualifiés ou chanceux, trouvent des emplois comme salariés dans la confection, le bâtiment, la meunerie, la boulangerie, ou comme bonnes à tout faire.
La population locale était très retissant envers ces civils « ennemis » à charge. Progressivement, les femmes et les enfants furent autorisés à regagner leurs pays d'origine, et les hommes furent redirigés vers d'autres centres d'hébergements. En février 1915, il ne restait à Auray que six internés civils : deux boulangers et leur famille qui avaient remplacé les boulangers alréens partis au front.

AVEYRON

Généralement ces billets ont au verso un cachet "St Affrique" ou Villefranche"
Les billets référencés ci-dessous sont sans estampille.
Internés civils   Austro-Allemands - valeur - DÉPARTEMENT de L'AVEYRON. :
0,05 - 0,10 - 0,50 - 1 fr - 5 frs.
Idem mais "Département" en minuscule. : 0,05 - 0,50 Cmes.

BELLE - ILE (MORBIHAN)

Belle - Ile – en – Mer est véritablement une ile prison avec jusque 10 000 prisonniers de guerre ainsi qu'un dépôt d'internés civils.

A. **Internés civils. : 0,05 - 0,10 - 0,25 - 0,50 - 1 fr - 2 frs - 5 frs.**

BREST – BOUGUEN (FINISTERE)

Internés civils issus de la capture le 2 septembre 1914 du paquebot « Nieuw Amsterdam » par le paquebot français « la Savoie ».

CANNES (ALPES – MARITIMES)

Internés civils austro-allemands (Femmes – Enfants et personnes âgées…), les hommes étant dirigés vers les dépôts de l'Ile Sainte - Marguerite.

A Cannes, ils furent assignés à résidence à l'hôtel Prince de Galles pour être échangés contre des civils français détenus en Allemagne. L'hôtel Prince de Galles fut définitivement libéré de ses occupants étrangers, courant janvier 1916.

CARNAC (MORBIHAN)

L'hôtel de la Plage à Carnac (Morbihan). 70 à 80 internés pour une capacité de 100 - les internés paient leur séjour (et les dépenses poste de garde). Ils disposent de tout le confort

Ils ont pour consigne de se soumettre au règlement, sinon la punition est le changement de camp.

CASABIANDA (CORSE)

280 détenus civils dans l'ancien pénitencier désaffecté et presque insalubre ainsi que 1202 prisonniers de guerre.

CELLULE (PUY - DE - DOME)

Internés civils au couvent de Cellule, près de Riom. : 0,05 - 0,10 - 0,50 - 1 fr - 2 frs - 5 frs.

CHARTREUSE (BRIVE - CHARENSAC – HAUTE - LOIRE)

CHARTREUSE (Cachet sur les tickets de la Préfecture de la Haute - Loire).

Ticket rond avec fleuron 91 « Service des Camps de Concentration d'Austro – Allemands et de Suspects », cachet pour la Chartreuse « La Colonie des Étrangers de la Chartreuse » : 0,05 - 0,10 – 0,25.

CHIAVARI (CORSE)

35 Prisonniers Civils détenus à L'Hôpital militaire au 12 février 1915.

CORBARA (CORSE)

En Corse, quatre anciens couvents ont servi de prison à plus de deux mille Austro - Allemands travaillant souvent pour pallier le manque de mains d'œuvre.
En octobre 1914, 400 civils Alsaciens - Lorrains sont envoyés par erreur (400 Austro- Allemands étaient attendus) au couvent de Corbara. Ceux-ci referont le même voyage dans le sens contraire dès que les autorités s'aperçurent de la bévue.

CREST (DROME)

« Dépôt surveillé des Alsaciens-Lorrains romanichels » au Couvent des Capucins.

On recense 13 dépôts pour Alsaciens - Lorrains, dont 5 dépôts surveillés. Apres triage du début de l'année1915, selon les sentiments « Pro » ou « Anti-Français », il en résulte une privation totale de liberté, Crest est un dépôt surveillé. L'internement n'épargne pas les femmes et les enfants, pourtant, non mobilisables…
Crest est surtout connu pour être le seul camp en France à héberger une population essentiellement nomade ainsi que quelques vagabonds et forains et cela jusque 1919.

CREUSE

Tickets du dépôt de la Haute-Loire avec cachet de la Préfecture de la Creuse. (Fleuron 91). : 0,10.

CROZON - Fort (FINISTERE)

L'internement est majoritairement constitué des passagers civils issus de la capture le 2 septembre 1914, au large de Cherbourg et dérouté vers Brest, du paquebot « Nieuw Amsterdam » par le bareau français « la Savoie ».

Ce paquebot d'un pays neutre, la Hollande, transportait un grand nombre de « réservistes », Allemands et Autrichiens. Dès le 3 septembre 1914, la plupart des civils sont enfermés au fort de Crozon et au Bouguen (Brest).

DINAN (COTES D'ARMOR)

Dépôt de Dinan pour les étrangers internés civils.

LA FERTÉ - MACÉ (ORNE)

Le camp de la Ferté-Macé ouvert en février 1915 est un ancien petit séminaire construit dans les années 1855. Ce séminaire aussi appelé « le Préau dit le parapluie », était une école secondaire ecclésiastique puis, après 1907, une école primaire supérieure publique.

L'aménagement de ce camp se fera à coup de barbelé pour combler les endroits où les murs ne sont pas assez hauts.

Les femmes sont séparées des hommes et les conditions de vie extrêmement difficiles.

Dans les murs de ce camp, environ 6000 personnes seront triées, libérées, déplacées ou internées.

Toutes les nationalités sont représentées ainsi que toutes les conditions sociales, les notables côtoient les vagabonds, 30% des internés ont moins de 20 ans avec des enfants en bas âge, 57% sont des femmes étrangères, Alsaciennes ou Lorraines, femmes d'étrangers ou prostituées.

Le camp de triage de la Ferté-Macé fermera ses portes au mois de Mai 1919.

**Les décisions d'internement au camp de La Ferté-Macé
selon la nationalité des évacués (1915-1919)**

Nationalité	Evacués au camp	Internés ensuite	%
Allemands	292	268	91,8
Autrichiens	147	127	86,4
Bulgares	28	25	89,3
Ottomans	67	61	91
Alsaciens-Lorrains	388	196	50,5
Américains	20	5	25
Anglais	24	6	25
Belges	1 008	276	27,4
Français	3 493	39	1,1
Grecs	57	7	12,3
Hollandais	46	11	23,9
Italiens	32	5	15,6
Luxembourgeois	61	25	41
Roumains	24	12	50
Russes	276	145	52,5
Ensemble	6 141	1 230	20

FARCY Jean-Claude, Les camps de concentration français de la Première Guerre Mondiale (1914-1920), 1995.

A- Internés Civils dans l'ancien Séminaire. : 10 frs - 20 frs. - 0,05 - 0,50 - 1 fr - 2 frs - 5 frs

-

GARAISON (HAUTES - PYRENEES)

Les premiers arrivants débarquèrent début septembre 1914, alors que rien n'était prévu pour les recevoir. Un rapide inventaire des lieux avait été établi : 111 fers de lit, 68 sommiers, 63 matelas, plus 13 chambres garnies mais ce sont des centaines de détenus qui firent leur entrée dans le couvent. Quelque temps plus tard, ce sont des refoulés de Lannemezan qui engorgent les lieux. Comment faire pour loger 561 hommes Allemands, dont 18 vieillards, 362 femmes allemandes et 159 enfants, 346 Hongrois, 120 femmes et 189 enfants, plusieurs Bulgares, des Turcs, une Espagnole, 10 gitanes, 2 popes, 30 Religieux et des Pères Blancs. En tout plus de 1.700 personnes.

Courant 1916, le Directeur et son Caissier ont créé une banque de bons, 50.000, dit-on. Cette monnaie n'était bonne que pour le camp de Notre-Dame.

Chaque interné avait droit à un franc par jour de nourriture, mais on a trouvé le moyen de les faire vivre pour la somme de 0,70 centimes. En 1919, le camp va se vider progressivement.

Le 23 mai, départ de 230 Hongrois et Autrichiens, le 27 juin, départ de 33 Bulgares et Popes. Le 19 novembre, 71 Turcs. Le 16 décembre 1919, le camp est vidé de ses prisonniers, puis ensuite ce fut le tour du directeur et des gardiens à partir.

GARAISON ce Camp est connu pour avoir eu comme détenu le Docteur Albert Schweitzer prix Nobel en 1952.

Camp de Concentration (dans l'ancien Couvent). Tickets carton : 0,05 - 0,10.

Billets : 0,50 - 1 fr - 5 frs – 20 frs.

Cette Série existe en spécimen mais sans numérotation.

GRANVILLE (MANCHE)

Camp de Corderie et Chausey, internés civils au Fort de l'Ile – Chausey. (Chausey est un archipel normand situé dans la baie du Mont Saint-Michel à 17 km au large de Granville (les îles font administrativement partie de cette commune). Il est constitué d'une île principale, la Grande Île, d'environ 1,5 km sur 0,5 km pour ses dimensions les plus larges, et de 365 îlots à marée basse contre environ 52 îles à marée haute. Dans ce camp, il y eu au maximum 300 prisonniers Allemands qui y séjournaient.

Fleuron 43, cachet de la Préfecture de la Manche au verso : 5 frs.

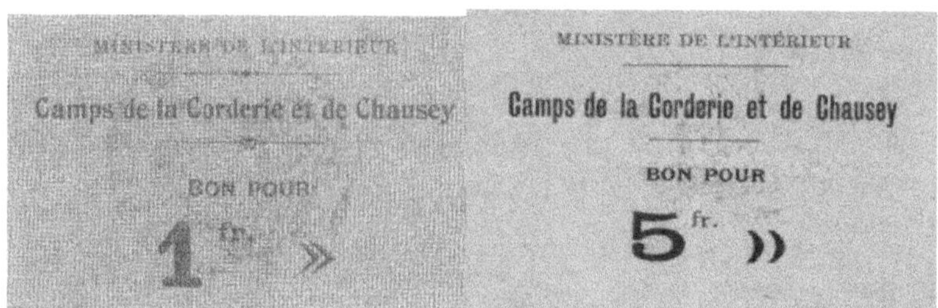

B. Fleuron 44 et 53. : 0,50 - 1 fr - 2 frs.
C. Fleuron 52 et 53. : 0,05 - 0,10 - 0,25.

GRAVESON - Abbaye de Frigolet (BOUCHES du RHONE)

En 1903 l'abbaye est vendue et les religieux se réfugient dans l'abbaye de Leffe en Belgique. Pendant la guerre, celle-ci servit de camp de concentration pour des internés civils puis en 1923, les prémontrés récupèrent leur abbaye.

Internés civils à l'Abbaye de Frigolet à Graveson : - caton : 1 fr - 5 frs.

GROIX – Ile de (MORBIHAN)

Les internés des Forts de Groix (Fort du Haut-Grognon et le Fort de Surville), sont après triage, des condamnés de droit commun et sont détenus en ce lieu pour motif disciplinaire.
Deux autres fort recevrons ce même type de dépôt Noirmoutier et St Tropez.

Des internés Alsaciens dans la cour du fort .

GUÉRANDE (LOIRE - INFERIEURE)

Camp d'internement au régime " ordinaire ", destiné aux familles et individus isolés. Selon le rapport du directeur, deux mutineries se produisirent dont une le 28 septembre 1915 qui entraîne, pour sanction, le transfert des 18 hommes fauteurs de troubles au camp de l'île de Groix. Le camp de Guérande accueille 200 à 300 hommes et femmes de tous âges, installés en France souvent depuis longtemps. En juin 1916, des internés du dépôt de Bitray à Châteauroux (Indre) rejoignent Guérande : il y a alors environ 400 détenus. Fin février 1919, d'autres d'internés venant du camp de Rochefort-sur-Mer font bondir ce camp à 502 détenus. Ils sont majoritairement Allemands, Hongrois, Autrichiens, Turcs, Bulgares, ressortissants de nations alliées ou neutres n'ayant pu prouver leur nationalité (Polonais, Tchèques, Grecs. . .), marginaux et suspects politiques de diverses origines. Moins de dix Alsaciens-lorrains suspects y séjournent (les Alsaciens-lorrains suspects seront internés à Luçon en Vendée). Se trouvent enfermées à Guérande, des femmes nées françaises qui, par mariage, avec un étranger sont devenue "ennemi de la Nation".

Dépôt d'étrangers au Séminaire.
Sans indication de lieu, ticket carton avec valeur au timbre sec (Rond, carré, losange, rectangle). : 0,05 - 0,10 - 0,50 - 1 fr.
Série aux dimensions différentes non retrouvé. : 0,05 - 0,10 - 0,50 - 1 fr- 5 frs.
Billet imprimé en vert sur papier vergé blanc sans N°, avec ou sans cachet, avec ou sans signature griffé et une perforation étoile. : 5 frs.

HAUTE - LOIRE

Préfecture de la Haute – Loire. Service des camps de concentration d'Austro – Allemands et de suspects. Tickets et Billets ayant servi pour la Colonie des Étrangers de la Chartreuse sur la commune de Brive – Du Puy, Charensac et au dépôt de suspects d'Aurec sur Loire (1914 – 21).

Tickets ronds - Fleuron 91 : 5c - 10c - 25c.
Billets du 1-3-1916 - Fleuron 89 et 88. : 1 fr.
Billet du 1-3-1916 - Fleuron 89 et 21. : 5 frs (Cachet rond sans signature).
Identique mais avec estampille 21-5-1918. : 1 fr - 5 frs.
Sans cachet mais au composteur la signature du préfet ; 1 fr.
Fleuron 89, avec cachet et sans signature ou avec signature mais sans cachet : 5 frs.

G. Fleuron 89, avec cachet et sans signature ou avec signature mais sans cachet : 5 frs.

HENNEBONT – KERLOIS (MORBIHAN)

Caserne temporaire dans un premier temps, Kerlois devient en septembre 1914 un camp d'internement de civils qui aménageront eux-mêmes ce camp.

Dans un premier rapport journalier daté du 15 octobre 1914, Kerlois renfermait alors 627 hommes de 18 à 60 ans, 29 hommes de plus de 60 ans, 53 femmes de plus de 18 ans, 60 enfants. Parmi cette population, on trouve de nombreuses nationalités et une grande diversité de situation professionnelle. La population accueille la création du camp avec beaucoup d'appréhension. On lit dans Le nouvelliste du Morbihan du 25 septembre 1914 : « Ces hôtes peu intéressants ont été dirigés vers un asile véritablement trop beau pour eux [...].

Les Hennebontais, pourtant hospitaliers, ne se réjouissent pas autrement de la venue de ces étrangers qu'ils considèrent comme un plutôt mauvais voisinage. »

Le 1er janvier 1915, Kerlois compte 491 internés. Au 1er janvier 1917, il y a encore 422 prisonniers. Après les premiers armistices séparés de l'année 1918, un premier convoi de rapatriement des internés a lieu le 15 août 1918. Les derniers quittent Hennebont au cours de l'année 1919.

Camp d'internés civils. : 0,05 - 0,10 - 0,25 - 0,50 - 1 fr - 5 frs.

JOUGUET à Plérin (CÔTES du NORD)

Le camp de Jouguet est aménagé dans une ancienne usine de tissage au fond de la vallée du Gouët. Plus d'un millier d'internés civils allemands et austro-hongrois résidants ou présents en France au moment de la déclaration de guerre, y seront détenus, dans une grande promiscuité, jusqu'en 1916.

Préfecture des Côtes du Nord – Dépôt des Internés Civils de Jouguet. Cachet au verso : «
République Française – Préfecture des Côtes du Nord – Camp de Concentration de Jouguet
(Plérin) et de St – Ilan (Langueux) ».

Tickets en carton : 5 Ces – 10 Ces et Billets en papier,50 - 1 fr – 5 frs.

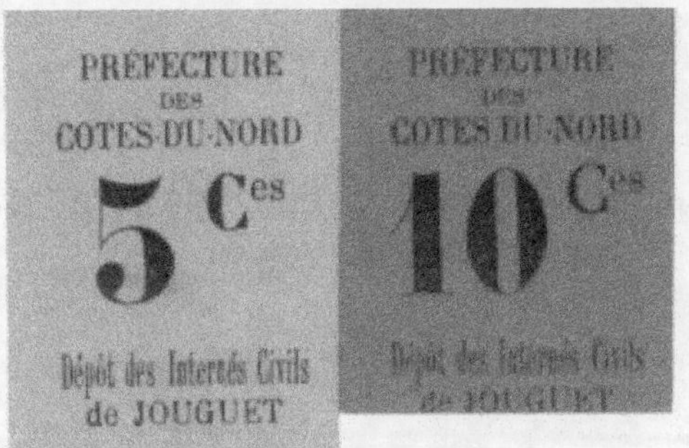

De 1914 à 1918, le château de Labastide - Saint - Pierre reçut des personnes résidant en France mais
originaires de pays alliés à l'Allemagne -

Camp de Concentration de Labastide - St – Pierre. Les seuls billets retrouvés sont des Billets avec « ANNULÉ » et sortent de l'imprimerie : L. Cassan Aîné, Toulouse. Ces billets ne sont pas datés ni numérotés mais portent une signature imprimée du Directeur du camp.

10 Cents (Carton), imp : vert/beige - 50 Centimes, imp. : rouge - 1 Franc, imp. : marron - 5 Francs, imp. : vert.

LANGONNET (MORBIHAN)

L'abbaye cistercienne Notre-Dame-de-Langonnet est fondée le 20 juin 1136 par Conan III, duc de Bretagne dans la paroisse de Langonnet, diocèse de Quimper.
Très peu d'information sur ce lieu de détention.

Vue extérieure de l'Abbaye abritant des internes civils dont cinq prêtres Austro-Allemands.

LANGUEUX - St ILAN – (COTES DU NORD)

Dépôt d'internes civil à l'école Saint-Ilan.

LANVEOC – Fort de (FINISTERE)

Il y a aussi des camps de notables (internés de position sociale élevée, artistes et intellectuels) qui servent d'otages (monnaie d'échange et représailles), au fort de Lanvéoc (Finistère) ou à l'hôtel de la Plage à Carnac (Morbihan).

"Selon un reportage de la Correspondance politique de l'Europe centrale du 20 avril 1916, sur 97 internés, environ la moitié sont des notables que le Gouvernement français retient comme otages. Le journal cite les noms suivants: Muum propriétaire de la grande marque de champagne de Reims; le comte Luckner, arrière-petit-fils du célèbre maréchal de France, peintre à Paris; le docteur Pfeiffer ex vice-consul des Etats-Unis à Mannheim; Kroll, directeur d'hôtel à Paris; Fuhrmann, grand industriel du Nord; les frères Newmann, joailliers à Paris; Wolf, éditeur d'art; Hilscher, grand industriel de Troyes, etc.," (A.D. Finistère, 9 R 20)".

LONGUE - île - (FINISTERE)

Le camp de l'ile -Longue est considéré comme le camp 5 étoiles de tous les camps de détenus européens de la première guerre.
L'ile longue est une presqu'île située en rade de Brest sur la commune de Crozon. Ce sont les régiments du Génie qui débutent la construction du camp, puis ensuite, les prisonniers eux - même. Plus de 5300

détenus passeront dans ce camp dont de nombreux intellectuelles et artistes. Le camp sera fermé le 31 décembre 1919.

Parti de New-York le 23 Août 1914, le Paquebot Nieuw Amsterdam est intercepté par le croiseur Français "La Savoie", bâtiment de la 2ème escadre légère qui le détourne à Brest. A son bord 1500 passagers dont 400 Allemands et 250 Autrichiens dont beaucoup venaient s'engager dans l'armée allemande. Du 3 au 23 septembre 1914, les passagers sont retenus au Fort de Crozon et à Brest, puis transférés sur l'île Longue le 5 novembre.

D'autres navires furent interceptés comme le Tubantia, l'Atlas, le Fortuna, le Tamoura... Les passagers furent triés puis détenus ou relâchés suivant les nationalités.

Le camp de l'Ile Longue est connu pour les célébrités qu'il détient comme le Cinéaste G.W. Pabst, les peintres Max Pretzfelder et Léo Primavesi, l'écrivain Hermann von Bötticher ou d'autres comme Karl Italiener, Christian Barth, Fritz Sauckel, le baron Adolf von Weichs, le poète Hongrois Aladar Kuncz. Ce camp avait une très grande activité intellectuelle, culturelle et sportive. (Représentation théâtrale, opérette, éditions de plusieurs journaux : "Die Insel - Woche", "Festzeitung", "Die Kekrseite", "Inselstimme"). Des cours d'enseignement, des conférences étaient données, 4 clubs de football et 3 de Hockey sur gazon avec plusieurs équipes chacune d'où l'organisation de nombreux tournois.

Bientôt des prisonniers militaires s'établissent dans ce camp gardé par le 87ème Régiment territorial sous le commandement du chef d'escadron "Alleau" jusqu'à l'été 1916 ou ce camp redeviendra un camp exclusivement consacré à la détention des civils. Le recensement des prisonniers le 7 février 1919 donne comme effectif : 1 070 Allemands - 265 Autrichiens - 175 Hongrois - 3 Bulgares - 46 Ottomans - 4 Grecs - soit 1 563 internés civils.

Ce camp fermera le 31 décembre 1919 et aura vu passer plus de 5300 détenus. Trente personnes sont décédées dont 15, par à la suite de la grippe Espagnole entre 1918 et 1919.

Contre rendu de la visite de la Croix rouge : 17 Janvier 1915 - 150 soldats, 701 civils Comme logements : des baraques recouvertes de carton bitumé, sèches, suffisamment aérées. W.-C. (tinettes) en plein air, recouvertes d'un toit. Enceinte très suffisante. Eau potable, amenée dans des tonneaux, de 4 kilomètres de distance.

Nourriture (je l'ai goûtée) très suffisante et très bonne, grâce au supplément que les prisonniers se procurent de leur poche.

Couchage. Tous sur paillasses (7 kg de paille tous les 3 mois, comme pour le troupier français). Chacun a sa couverture, mais bien usée. Vêtements et linge manquent pour beaucoup, bien que l'administration fournisse des pantalons en velours et des chemises à ceux qui en ont besoin.

Santé : 12 malades légers à l'infirmerie. Pas de typhus. Vermine : beaucoup de poux et gale, contre laquelle lutte un médecin français très consciencieux, attaché au camp. Les prisonniers peuvent acheter la Dépêche de Brest tous les jours. Service religieux chaque dimanche.

Travail : construction de baraques et de chemins. Secours collectifs très nécessaires, sous-vêtements pour 500 indigents. Surtout les Polonais manquent du nécessaire. Le chef de camp est très bien. Il a organisé une coopérative et avec les bénéfices (Fr. 3,000 jusqu'ici), il fait des améliorations de toutes sortes.

Le camp de l'ile-longue étant très important et beaucoup de ses billets circulant dans d'autres camps, cela occasionne de multiples variantes sur le compostage de la numérotation (différences de hauteurs des chiffres), cachets multiples, (humides ou sec) etc… Le peu de billets pouvant être étudiés ne permet pas cette classification

A.   30 x 50 mm. N° au composteur : 0,05 (Lilas) - 0,10 (Gris) - 0,25 (Vert) - 0,50 (Jaune) - 1 fr (Vert) - 2 frs (Orange) - 5 frs (Gris) - 10 frs (Rose) - 20 frs (Bleu).

B.   40 x 40 mm. N° en gros chiffres. : 0,05 (Jaune ou orange) - 0,10 (Orange ou lilas) - 0,25 (Rose ou gris) - 0,50 (Jaune ou jaune foncé) - 1 fr (Bleu ou gris foncé ou orange) - 2 frs (Rose ou blanc) - 5 frs (Jaune ou chamois) - 10 frs (Orange).

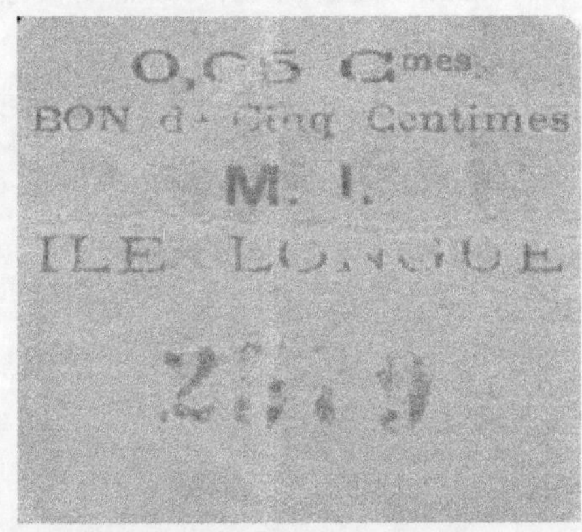

C.   40 x 30 mm. : 0,05 - 0,10 - 0,25 - 0,50 - 1 fr - 2 frs - 5 frs - 10 frs - 20 frs.

D.   37 x 37 mm. : 0,05 (Jaune) - 0,10 (Orange) - 0,25 (Rose).

E.   43 x 43 mm. : 0,05 (Jaune) - 0,10 (Orange) - 2 frs (Rose).

F.   48 x 50 mm. : 5 frs (Jaune) - 10 frs (Orange) - 20 frs (Rose).

Tickets carton " P.G - Ile Longue" - Série A - avec cachets ou non de "Brest" - "l'Officier Comptable" - Parfois au verso cachet oval "Direction - Travaux des Prisonniers de Guerre - XI Région - Département Finistère" - Signature manuscrite

G.   Billets sans date : 0,05 - 0,10 - 0,25 - 0,50 - 1 fr - 2 frs - 5 frs.

H1.   22/5/1916. Fleuron 4. 22 : 0,05 - 0,10 - 0,25 - 0,50 - 1 fr - 2 frs - 5 frs.

H2.   22/5/1916. Fleuron 139. : 0,10 - 0,25.

H3.   22/5/1916. Fleuron 140. : 0,25.

Les Billets datés du 22/5/1916 ont circulés dans le camp de CROZON et de LANVÉOC (Fort).

LUÇON (VENDEE)

Au tout début de la guerre, les "internés" détenus au pensionnat Sainte Ursule, se composaient de ménages, de femmes seules et d'enfants. Puis 99 hommes arrivèrent du dépôt de Fontenay - le - comte. D'autres arrivèrent des autres dépôts vendéens, puis le dépôt de Mamers (Sarthe) livra 297 détenus le 4 septembre 1914, Boulogne - sur - mer livra 69 étrangers le 10 Septembre. Luçon fut un des derniers dépôts à fermer en Vendée.

Dépôt des Alsaciens - Lorrains. : 0,05 - 0,10 - 0,25 - 0,50 - 1 fr - 2 frs - 5 frs.

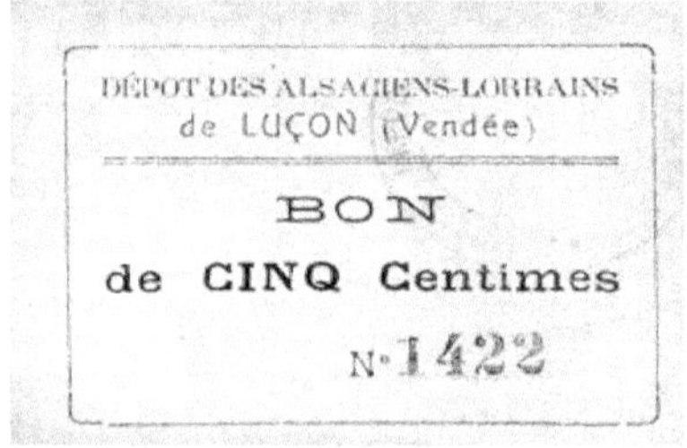

MONTBRISON - Dépôt de rapatriés (LOIRE)

A. Bon pour un repas. Cachet « Ville de Montbrison. Loire - Commissaire de Police ».

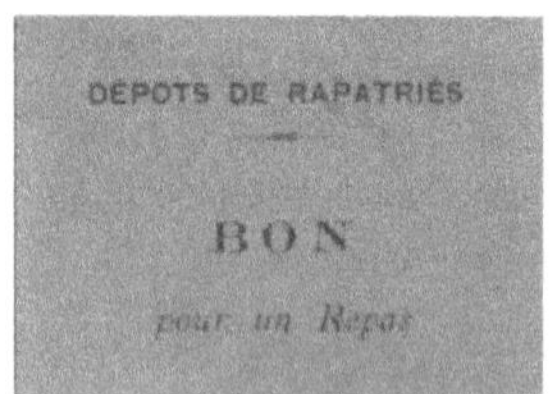

B. Bon pour un repas. Cachet « Dépôt des rapatriés » - « Bon pour un Repas, 50 gr de Sucre ».

MORBIHAN

Internés civils à Hennebont, Ile de Groix, Couvent de Sarzeau à l'Hôtel de la Place à Carnac, Abbaye de Langonnet (Ces billets ont circulé dans ces centres d'internement mais les noms des lieux ne figurent pas sur les tickets). : 0,05 - 0,10 - 0,25 - 0,50 - 1 fr - 5 frs.

NOIRMOUTIER (VENDEE)

Internés civils Austro-Hongrois dans la cour intérieure de la caserne Martinière.

En ce début de guerre, la France ne considère pas ces deux empires ennemis (Empire Allemand et Empire Austro-Hongrois) de la même manière.

En effet l'empire Austro-Hongrois regroupe plus de 10 nationalités différentes : hongrois - roumains - italiens - polonais - tchèques - croates etc… et ceux-ci représentent plusieurs niveaux de danger pour notre pays.

Le 10 Octobre 1914, le Ministère de l'Intérieur ordonne que tous les internés civils, Allemands ou Austro - Hongrois mobilisables, soient internés dans des camps sur les îles. Noirmoutier reçoit donc des internés civils Austro-Hongrois dans l'ancienne caserne Martinière. Ces internes proviennent des Départements de Corrèze de Dordogne et de Gironde. Ceux originaires du département de Vendée sont maintenus aux dépôts des Sables-d'Olonne ou de Luçon. Ces dépôts seront, après mars 1915, des dépôts disciplinaires au même rang que Groix et Saint-Tropez.

PONTMAIN (MAYENNE)

Pontmain est une petite commune située dans le nord du département de la Mayenne. De 1914 à 1920, un camp de concentration pour internés civils a été aménagé dans les locaux d'une congrégation religieuse en partie inoccupée. Cet internement administratif concernait des civils originaires des pays ennemis (Allemands - Austro-Hongrois - Ottomans) qui étaient internés parfois avec leur famille et des suspect étrangers ou français (Alsaciens et Mosellans - Flamands - Luxembourgeois).

Internés Civils au Séminaire, fleuron 81 - 84. : 0.05- 0,10 - 0,20 - 0,50 - 1 fr - 5 frs.

PRECIGNE (SARTHE)

Internés Civils au Séminaire : c'est dans l'ancien Petit Séminaire désaffecté de Précigné (Sarthe) que sont internés, dès 1914, des individus qualifiés d'indésirables
Appelé "camp de concentration" par la préfecture, ce camp recevra 2116 hommes, femmes et enfants, de 40 nationalités différentes, entre décembre 1914 et décembre 1919.
Ces personnes étaient soupçonnées d'espionnage, prisonniers ou anciens prisonniers de droit commun, anarchistes, antimilitaristes, syndicalistes, prostituées, marchands ambulants ou simplement du fait de parler l'allemand ou d'autres langues germaniques.

Billets tricolores. Dépôt : 0,05 - 0,25 - 0,50 - 1 fr - 2 frs - 5 frs.
Couleurs différentes pour chaque valeur. Dépôt, fleuron 86 et 87 : 0,05 - 0,25 - 0,50 - 1 fr - 2 frs - 4 frs- 5 frs.
Colonie de Précigné : 0,05 - 0,25 - 0,50 - 1 fr - 2 frs - 4 frs - 5 frs.

ROCHEFORT - Sur - MER (CHARENTE - INFERIEURE)

Les internés Allemands et Austro - Hongrois sont installés dans les dortoirs de la caserne Martrou.

Billets passe-partout collés sur des cartons. :0,05 - 0,10 - 0,20 - 0,50 - 1 fr - 2 frs - 5 frs - 10 frs.
*   Z   Jeton en laiton - Mon Camboulives - Cantinier : 5c - 10c - 20c - 50c - 1 fr - 2 frs - 5 frs (1918)*
Les jetons sans date furent émis en 1916 sous contrôle préfectoral, et non-militaire, pour le dépôt d'internés civils de la caserne Martrou. La monnaie de 5 frs est au millésime de 1918

SAINT - AFFRIQUE Voir AVEYRON

Dépôt d'Internés Civils Austro – Allemands – Département de l'Aveyron. Avec ou sans cachet de "St-Affrique, Internés au Collège Gabriel" au verso. Carton de 62 x 44 mm : 0,05 - 0,10. (Vert foncé) – 0,25 – 0,50 – 1 fr – 5 frs (Rouge).

SAINT - BRIEUC (CÔTES DU NORD)

Saint- Brieuc est souvent cité pour son dépôt, mais en réalité, aucun dépôt n'existait dans cette ville. Néanmoins, deux dépôts se trouvaient non loin de là… (St Ilan à Trégueux et dans l'usine de Jouget dans la vallée du Gouët).

SAINT - ILAN à TREGEUX (CÔTES du NORD)

Le Dépôt était installé dans les bâtiments de Saint-Ilan (camp de familles).

SAINTE - MARGUERITE - Ile. (ALPES - MARITIME)

Ste Marguerite est la plus grande des deux îles des Lérins (au large de Cannes). Elle fait environ 3 km de long avec une largeur maximale de 900 mètres. Elle possède un fort du XVème siècle, consolidé par Vauban, à partir de 1685, a été transformé en prison d'Etat. Le Masque de Fer et le Maréchal Bazaine furent les deux plus célèbres détenus.

Dépôt d'internés civils - Carton rectangulaire aux coins coupés (35 x 48 mm) sans fleuron : 0,05 (Violet) - 0,10 - 0,50 (Rose).

B. *Carton blanc, rond de 38 mm de diamètre. / Verso : Cachet : Préfecture. Alpes - Maritimes – R.F). : 1 fr.*

C. *Carton ovale, autre fleuron. : 5 frs.*

SAINT - RAMBERT - Sur - LOIRE (LOIRE)

Le dépôt d'Alsaciens – Lorrains de SAINT – RAMBERT – SUR – LOIRE est créé dès octobre 1914. En 1916 on y regroupe les dépôts de LOURDES et de PARIS (Gare du Nord). En 1916, 1700 Alsaciens sont rapatriés de Russie. Ces prisonniers ont un statut particulier et sont libres de circuler en dehors du camp.

Rapport sur la visite du camp par la Croix - Rouge au Noviciat le 1er Février 1915 (1,027 soldats (Alsaciens-Lorrains).

« Logement : excellent. Chauffage central, éclairage électrique. Salle d'étude, réfectoire. Nourriture : parfaite, très abondante. Couchage : Paillasses. Vêtements : Tout est très satisfaisant.

Santé des prisonniers : Pas de malades : Vermine. Non.

Travail : Classe de français : 3 professeurs donnent chacun 5 heures de leçons par jour — 15 heures. Exercice militaire quotidien.

Distractions : lecture, chorale et bientôt orchestre (les instruments de musique vont arriver). »

Cantine Coopérative du dépôt d'Alsaciens – Lorrains. Cachet de la Cantine au verso : 0.05 - 0.10 - 0,50 – 1 fr - 5 frs.

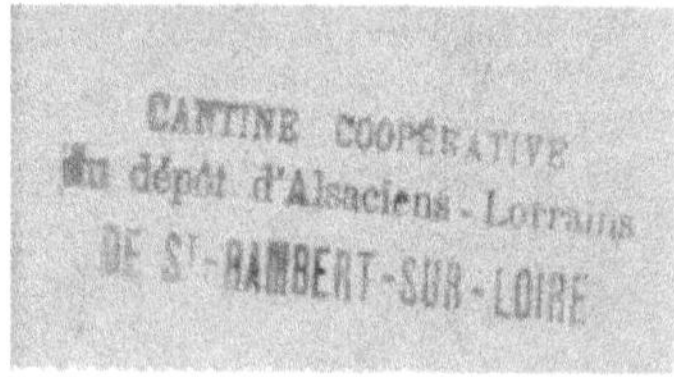

SAINT - REMY (BOUCHES du RHONE)

Dépôt de prisonniers étrangers de Saint-Rémy.

Ce petit camp est situé dans l'ancien asile d'aliénés de Saint Paul. Ce dépôt recevra entre 90 et 365 internes (Le 6-10-1918).

Z1. *Monnaies en Fer. : 0,05 - 0,10 - 0,50.*
Z2. *Monnaies en Cuivre. : 1 fr - 5 frs.*

SAINT - TROPEZ (VAR)

Les internés civils devant la citadelle de Saint – Tropez.

Saint-Tropez est un dépôt disciplinaire pour condamnés de droit commun.

Internés civils au Fort. : Fleuron 43 : 1 fr - 5 frs.

Z. *Internés Civils - Monnaies de Zinc. : 0,05 - 0,10 - 0,50.*

SARZEAU (MORBIHAN)

Ce petit dépôt est considéré comme un « Dépôt de Faveur » ou les familles étaient regroupées et les conditions de détention peu strictes.
Les internés sont détenus à l'ancien couvent des Pères Picpus. Ils sont 58 en 1915 et jusqu'à 103 en 1919 (66 hommes, 23 femmes et 15 enfants). On compte 76 Allemands, 12 Hongrois, 9 Autrichiens, 2 Tchèques, 1 Italien, 1 Ottoman et 1 Grec.

SIECK Ile de (FINISTERE)

Le 20 septembre 1914, 351 Austro-Hongrois et Allemands mobilisables arrivent dans un état de fatigue intense dans l'usine de Sieck et sont envoyés au bain de mer aussitôt.
Les lieux d'hébergement sont insalubres et ce sont les détenus eux même, qui organisent le camp. 70 militaires et un médecin sont affectés à la garde et aux soins de ces prisonniers.
Prévu pour 400 personnes, ce camp est déjà surpeuplé avec ses 351 prisonniers. En mars 1915, ils ne sont plus que 296 et 236 en 1917.
Double évasion le 18 août 1915, les évadés seront repris et l'un sera dirigé sur Crozon et l'autre sur l'ile de Groix
En janvier 1917, 70 détenus seront dirigés sur le dépôt de Kerbeneat en Plounéventer, 156 sur le camp de l'île Longue. Seuls 10 hommes de corvée restent quelques jours à Sieck pour nettoyer et remettre les locaux en état

VILLEFRANCHE Voir AVEYRON

Dépôt d'Internés Civils Austro – Allemands – Département de l'Aveyron. Avec ou sans Cachet de Villefranche, internés au Domaine de Graves et à celui de Treize Pierres. Carton de 62 x 44 mm. : 0,05 - 0,10 (Vert foncé ou pâle) - 0,50 - 1 fr – 5 frs (Rouge).

VIRE (CALVADOS)

Dépôt des internés civils : le petit séminaire de Vire (dont un bâtiment subsiste toujours dans le collège de Maupas) reçoit des prisonniers civils et cet endroit est transformé en "camp de concentration pour indésirables", on y retient principalement des civils allemands, autrichiens et turcs pour éviter l'espionnage.

A.   Carton de 54 x 42 mm aux angles arrondis. Cachet au recto « Préfecture du Calvados » ou « Préfecture du Calvados – Cabinet du Préfet » Signature du Sous – Préfet manuscrite.
4 fleurettes sans cercle au centre de chacune : 0,05 - 0,10 - 0,50 - 1 fr- 5 frs.

B.   Même vignette mais les 4 fleurettes sont avec un cercle au centre de chacune, gros chiffre au composteur. Cachet au verso « Sous – Préfecture de Vire - Calvados »
0,05 - 0,10 - 0,50 - 1 f - 5 frs.

VIVIERS (ARDECHE)

Camp de concentration pour civils dans l'ancien Séminaire (Charles De Foucauld y fut ordonné en 1901). Le séminaire servit à loger des troupes, puis des réfugiés alsaciens, puis des civils suspects internés (Allemands). Ceux-ci brûlèrent tout ce qui était en bois pour se chauffer et laissèrent les lieux dans un grand état de délabrement. Ces prisonniers ne furent libérés qu'en 1919.

Dépôt de Viviers : 0,50 - 1f - 2 frs - 5 frs.
Avec seulement la valeur imprimée : 0,05 - 0,10 - 0,25.
Cantine du Séminaire 0,05 - 0,10 - 0,25 - 0,50 - 1 fr - 2 frs - 5 frs.

YEU Ile – (VENDEE)

Prisonniers Civils détenus au Fort de « Pierre Levée » Bâtiment construit sous Napoléon III à partir de 1857 à l'emplacement d'un menhir.

Ce fort abritera le Maréchal Pétain durant ses dernières années.

Un des six camps vendéens, il fut ouvert dès le début des hostilités, à partir de mars 1915, ce camp abritera des civils Allemands manifestant des sentiments anti-français. Par la suite, certains détenus obtiendront une grande liberté, pouvant sortir et travailler à l'extérieur.

Le recensement du Camp, le 1/12/1918, dénombre encore 272 résidents, puis, encore 240 le 1 avril 1919, ce camp sera fermé quelques mois plus tard.

Collection O. Chatard

Dépôt d'Internés Civiles de l'Ile d'Yeu : 10 Cmes, 1fr.

Nous remercions tous les contributeurs qui ont aidé à faire ce petit livre sans prétention.

Si vous possédez des billets de camps d'Internés Civils qui ne sont pas référencés dans cet ouvrage, vous pouvez nous informer et nous envoyer une photo sur la messagerie : Denis@numisa.net.

Les ajouts paraitront dans une prochaine édition.

Merci de l'intérêt porté à ce sujet